16-18, rue de l'Ouvrage
B-5000 Namur

Traduction de Laurence Bourguignon

Titre original :
Lost : One Dog Green

Imprimé en Belgique

ISBN 2-87142-291-5
D/2001/3712/24

Le chien Vert

Pascal Biet

Mijade

Il était une fois un chien vert
qui s'appelait Jean-François.
Il appartenait à une petite fille
qui s'appelait Sarah
et qui aimait beaucoup le vert.

Sarah adorait son chien,
et elle avait toujours peur
qu'il lui arrive malheur
à cause de sa couleur.

Et si les chiens des voisins
lui couraient après
parce qu'il était vert?

Non, non, non, il valait mieux pour lui qu'il reste à la maison ! Jean-François était très malheureux. Il ne pouvait pas gambader dans le parc, ni jouer à « Rapporte », ni pourchasser les chats !

Tous les matins, en partant à l'école, Sarah lui disait :
« Passe une bonne journée, Jean-François.
Et surtout, ne sors pas de la maison :
quand on est vert, on a forcément des problèmes ! »

Un jour cependant,
Jean-François décida de sortir quand même.
Si les autres chiens n'appréciaient pas son vert,
eh bien tant pis pour eux !

Dès que Sarah eut tourné le coin,
il se glissa dehors et,
s'élançant dans la rue à petits bonds joyeux,
il passa comme une flèche
sous le nez des voisins,
de leurs chats et de leurs chiens.

Il n’alla pas loin !
«Sarah avait raison», se dit-il,
tandis que ses poursuivants
l’encerclaient en aboyant.
«Quand on est vert,
on a forcément des problèmes.»

Mais à sa grande surprise,
les chiens n'avaient rien contre le vert.
Au contraire, ils l'admiraient !

« Quelle merveilleuse nuance »,
dit un basset.
« Mais comment as-tu fait ? »
demanda un épagneul.
« Ça t'a coûté cher ? »
voulut savoir un caniche.

« S'il te plaît, dis-nous ton secret ! »
gémirent-ils tous en chœur.

Jean-François ne savait que répondre.
« Revenez la semaine prochaine », dit-il enfin, « et vous le saurez. »

Jean-François était bien embêté.
En effet, il n'avait aucun secret !
« Qu'est-ce que j'y peux, moi, si je suis vert comme l'herbe ! » grogna-t-il, exaspéré.
Soudain, il eut une idée.
Il commença par cueillir toutes sortes de plantes et de fleurs.

Puis il dénicha un garage vide
où il installa son laboratoire.

Il se mit à piler
et à broyer…

…à mélanger
et à malaxer…

…à peser
et à mesurer…

…pendant des jours et des jours, des nuits et des nuits,
jusqu'à ce qu'enfin il eut devant lui
une poignée de fioles aux couleurs de l'arc-en-ciel.
Sur les étiquettes, on pouvait lire :

*« Teinture pour chiens 100 % naturelle.
Anti-allergique. Garantie sans parfum. »*

« Maintenant, j'ai quelque chose à leur montrer ! »
se réjouit-il. « Avec mes teintures,
n'importe quel chien pourra désormais
changer de couleur à volonté ! »

Ils ne s'en privèrent pas et bientôt,
on put voir des chiens roses, des chiens rouges,
des chiens mauves se promener tranquillement
dans les terrains vagues autour de la ville.

Jean-François avait du travail par-dessus la tête. Il ne vit pas Sarah qui passait par là avec ses affiches. « Perdu : chien vert » disaient celles-ci. Pauvre Sarah, ça faisait des jours qu'elle cherchait son chien !

Il ne la vit pas non plus quand, intriguée,
elle passa la tête entre deux buissons
pour voir d'où sortaient ces chiens extraordinaires.

Quand Sarah jeta les bras
autour de son cou,
Jean-François sursauta.

« Oh, comme je suis contente
de t'avoir retrouvé ! »
s'écria la petite fille.

« Tu es le plus formidable chien vert
du monde entier ! »

« Les affaires ont l'air de marcher, dis donc ! »
ajouta-t-elle. « On se bouscule, ici.
Mais tu peux compter sur moi :

je viendrai t'aider
après l'école,
et tous les week-ends.
Bon, je m'y mets
tout de suite ! »

Au coucher du soleil, des dizaines de chiens
s'en retournèrent chez eux. Ils portaient
les dernières créations de Jean-François et de son assistante :
« Toison écossaise », à carreaux rouges et verts,
« Ciel étoilé », azur et bleu nuit, ou encore « Bouton d'or »,
un semis de fleurs jaune vif. Ils avaient l'air enchantés !

Jean-François, lui, semblait pensif.
« Je voudrais te demander
quelque chose... » dit-il à Sarah.

« Est-ce qu'on pourrait aller jouer au frisbee
dans le parc, un de ces jours ?
Avec mon vert uni,
je passe presque inaperçu, maintenant... »

«Bien sûr que oui!» s’écria Sarah.
Et tous les deux s’en allèrent en courant.